CONCOURS RÉGIONAL DE LA ROCHELLE

EN 1875.

MÉMOIRE

SUR LA

PROPRIÉTÉ DE PEURTAUD,

COMMUNE ET CANTON DE MONTGUYON,

ARRONDISSEMENT DE JONZAC.

PAR

M. FÉLIX,

PROPRIÉTAIRE ET MEMBRE CORRESPONDANT DE LA SOCIÉTÉ
D'AGRICULTURE DE L'ARRONDISSEMENT DE JONZAC.

1874

LA ROCHELLE,

TYPOGRAPHIE DE J. DESLANDES.

CONCOURS RÉGIONAL DE LA ROCHELLE
EN 1875.

MÉMOIRE

SUR LA

PROPRIÉTÉ DE PEURTAUD,

COMMUNE ET CANTON DE MONTGUYON,

PAR

M. FÉLIX,

PROPRIÉTAIRE ET MEMBRE CORRESPONDANT DE LA SOCIÉTÉ
D'AGRICULTURE DE L'ARRONDISSEMENT DE JONZAC.

LA ROCHELLE,
TYPOGRAPHIE DE J. DESLANDES.

MÉMOIRE

PRÉSENTÉ A MM. LES MEMBRES DU JURY

DE LA

PRIME D'HONNEUR

DE LA

PREMIÈRE CATÉGORIE DES PRIX CULTURAUX.

EXPOSÉ HISTORIQUE

DE LA VIE DE M. FÉLIX.

Le soussigné, concurrent à la prime d'honneur de la première catégorie des prix culturaux, désirant donner connaissance à MM. les Membres du Jury de l'historique de sa vie, et cela le plus brièvement possible,

A l'honneur de leur exposer :

Qu'il est né au chef-lieu de la commune de Montguyon en l'année mil huit cent quatre ;

Qu'il n'a jamais connu son père ;

Que sa mère était sans fortune et que par suite, il ne lui a été dévolu aucune succession ;

Que pour toute instruction, il n'a eu que six mois d'école chez le Magister, à raison de un franc l'un, toute dépense à ce sujet a donc été de six francs, *seulement* ;

Qu'à l'âge de douze ans, il a été employé au bureau de l'enregistrement à rayer les tables alphabétiques, que pour ce travail il recevait trois francs par mois ; il doit pourtant reconnaître qu'un cousin à lui, lui a gratuitement donné quelques leçons d'écriture ;

Que, par suite, et pendant trois ou quatre ans, il a été occupé par les notaires du canton comme copiste à raison de vingt-cinq centimes par rôle d'écriture et pendant cette même période, il travaillait chez

M. le Receveur, mais avec un salaire de 300 francs
l'an;

Qu'à l'âge de dix-huit ans, bien qu'il fût dans
l'obligation de pourvoir à tous ses besoins, il avait
économisé une somme de douze cents francs;

Que les différents notaires qui s'intéressaient à lui,
lui donnèrent le conseil de prendre des leçons de
géométrie et d'arpentage, ce qu'il s'empressa de
faire;

Qu'au bout d'un an, environ, et aidé de ses pro-
tecteurs, il fut employé fréquemment, toujours dans
le canton, à faire des opérations de partages et régle-
ments de famille.

Que ses émoluments, à raison de six francs par jour
grossirent d'autant son petit pécule et qu'il ajouta le
montant de ses honoraires à la somme déjà placée;

Qu'enfin, à l'âge de vingt-cinq ans, son noyau
avait atteint le chiffre de cinq mille francs;

Qu'avec ce capital qui était énorme pour lui, il se
procura un terrain audit Montguyon, y fit bâtir un
modeste local propre à servir de magasin ou bou-
tique, et se monta un petit commerce d'épicerie, se-
condé qu'il fut par son épouse, sans fortune, mais
vertueuse, laborieuse et intelligente;

Que ce commerce prit de l'extension. Par suite de
privations, de persistance et d'économie, l'entreprise
eut du succès;

Qu'en 1839, il devint titulaire du Greffe de la
justice de paix du canton de Montguyon, moyennant
7,000 francs et 1,200 francs de cautionnement; toujours avec son commerce il exerça cet emploi jusqu'en
1859 (20 ans), époque à laquelle il transmit cette
charge à M. Guilbaud, son gendre, et cela, pour
se livrer presque spécialement aux soins de la propriété dont s'agit;

Il fait observer encore qu'il n'a jamais cessé de résider audit Montguyon où il a donné l'élan pour la bâtisse et où il a trouvé bon nombre d'imitateurs, soit comme commerçants soit comme propriétaires ;

Que c'est pendant ces entrefaites qu'il a fait l'acquisition du domaine de Peurtaud ;

Qu'enfin, si la modestie n'y mettait obstacle, il pourrait donner approximativement le chiffre de son avoir.

Les détails ci-dessus ne peuvent faire de doute pour personne, puisqu'ils ont été exécutés sur place ;

Il demeure donc démontré jusqu'à l'évidence que l'exposant est l'artisan de sa modeste fortune, qu'en un mot, il s'est fait lui-même sa position.

MÉMOIRE

SUR LA PROPRIÉTÉ DE PEURTAUD

Pour se rendre compte des droits d'un agriculteur à concourir, pour reconnaître surtout si, dans son exploitation, il a réalisé les améliorations les plus utiles au pays dans le milieu duquel il travaille, il faut se reporter au temps où il commença ses travaux, il faut savoir dans quel état se trouvait la propriété au moment où il en est devenu l'acquéreur et juger le présent en reconnaissant toutes les améliorations obtenues, tous les progrès réalisés malgré toutes les difficultés à vaincre.

C'est dans ce but que je vais tracer brièvement l'historique de la propriété de Peurtaud et dire ce que j'y ai fait depuis son acquisition.

Je suis devenu propriétaire du domaine de Peurtaud, suivant acte d'échange au rapport de M⁰ Bourdier, notaire à Saint-Aigulin, le 15 Mai 1849, avec M. le duc Decazes qui a reçu en contr'échange une petite propriété située commune du Fouillou, d'une valeur de quatre mille francs, avec une soulte de huit mille francs, ensemble 12,000 francs. La soulte a été payée aux termes d'une quittance au rapport de M⁰ Métayer, notaire à Paris, rue Saint-Marc n⁰ 14, le 14 novembre 1850.

Le domaine de Peurtaud est d'un seul tenant et se trouve avoir accès sur la route de Paris à Bordeaux; son étendue superficielle est de trente-trois hectares qui, au moment de l'entrée en possession se décomposaient comme ci-après, savoir :

	Hectares.	Ares
Prairies naturelles (on eut pu dire néant.)		15
Vieilles vignes donnant au plus 6 hectolitres de vin	1	50
Terres arables mais incultes	4	20
Châtaigneraie, mal aménagée	3	45
Bois taillis, pins et landes	7	70
Pépinière de vieux peupliers rabougris.	1	
Emplacements de bâtiments tombant de vétusté et querreux couverts d'aspérités, cloaques et excavations	1	
Et enfin, terres en chaume, ajoncs, plusieurs haies ronces et épines de sept à huit mètres de largeur et divers sentiers inutiles	14	
Total égal	33	00

M. le duc Decazes, l'ancien propriétaire, ou ses préposés avaient vendu toutes les prairies dépendant du domaine, situées aux lieux de Messan, Font-de-Goutte et Saint-Martin d'Ary à MM. Nau du Barail, Guibert de Coustaule et autres; les fourrages faisaient complètement défaut; cette propriété était abandonnée, en un mot, son revenu était nul.

Les faits ci-dessus sont de notoriété publique.

A son entrée en jouissance, le propriétaire actuel faisait le commerce de l'épicerie et cumulait l'emploi de greffier de la justice de paix du canton de Montguyon. Il plaça pour la culture de cette propriété deux colons partiaires, se munit de quelques immeubles par destination et de quatre têtes de bétail pour défricher ses terres incultes à une grande profondeur; il acheta des fourrages pour nourrir les bestiaux dont il vient d'être parlé. Cet état de choses dura environ six ans.

L'acquisition de ces bestiaux et des immeubles par destination lui coutèrent une somme de deux mille

francs qui, jointe aux 12,000 francs prix d'achat
élève le capital placé à 14,000 francs.

Les résultats ne lui paraissant pas avantageux,
M. Félix prit la détermination d'administrer lui-même,
et c'est à ce moment qu'il fit faire les constructions
indispensables en utilisant en grande partie les
matériaux des bâtiments qui existaient et tombaient,
comme il a déjà été dit, en ruines. Les bâtiments
d'exploitation ont été édifiés à certains intervalles et à
mesure que les revenus et produits ont pu le per-
mettre, aucune autre somme n'y a été employée;

Il a fait faire et fait lui-même des défrichements,
des plantations de vignes, d'arbres fruitiers et de
peupliers, ne reculant pas devant les obstacles que
présentaient les accidents et la mauvaise qualité du
terrain; il est parvenu à faire des prairies naturelles
et artificielles; il cultive avec succès les plantes fourragères et les racines, de telle sorte que les trente
trois hectares se trouvent aujourd'hui métamorphosés
et se décomposent de la manière suivante :

	Hectares.	Ares.
Prairies naturelles...............	8	50
Châtaigneraie	3	45
Labour et vignes...............	17	05
Emplacements des bâtiments, jardin et servitudes.	1	20
Bois taillis et landes	2	80
Ensemble	33	00

Il est observé que les dix-sept hectares labour et
vignes comprennent les plantes fourragères, les racines et les céréales (elles sont cultivées dans les
intervalles).

Le propriétaire soigne lui-même ses bestiaux et
nourrit facilement 15 vaches, 1 taureau, et 1 cheval;
il est dans l'intention et se croit en position d'aug-
menter le nombre de ses bêtes à cornes. Sur ces

quinze vaches, treize sont de race gâtine ou maraî-
chine et six ou huit d'entre celles-ci sont employées
au travail, deux de race bretonne; le taureau est de
race limousine.

Dès l'année 1867, M. Félix, en récompense de
de son travail et de l'essor qu'il a donné à l'agriculture dans le pays, a eu la prime d'honneur au concours d'arrondissement de Jonzac (une médaille d'or
grand module et 300 francs).

Configuration
du sol
constitution de la
couche arable,
du sous-sol,
climat, sources.

Sa propriété est située à 2 kilomètres de Montguyon. Une grande partie est placée sur un coteau
élevé, au-dessus du ruisseau qui coule au côté couchant, de quarante mètres environ. La partie du
couchant, celle qui touche le ruisseau est en pente
d'une grande raideur, extrêmement variée quant aux
diverses terres qui la composent et où il a fallu toute
la patience et la ténacité du propriétaire pour y faire
la plus grande partie de ses prairies; le sol trop ac-
cidenté ne pouvant souffrir d'autre culture. Au-
dessus de ce coteau se trouve un plateau légèrement
incliné au sud et au levant. Les terres qui le composent sont en partie sablonneuses, en partie argileuses,
le sous-sol est argileux et siliceux; le climat est
tempéré et les sources nulles. Une grande partie
de l'année les bestiaux sont abreuvés au moyen de
citernes recevant les égouts des toits.

Débouchés

Ce domaine, comme on l'a déjà dit, est à deux kilomètres de Montguyon et aboutit par une allée créée
par le propriétaire actuel, à la route nationale n° 10
bis de Paris à Bordeaux. Au moment de la création
de cette allée, la propriété était, pour ainsi dire,
inabordable et d'un accès presque impossible. La
route départementale de Laroche-Chalais à Miram-
beau en est éloignée d'un kilomètre environ.

Par suite de la proximité de ces deux grandes
voies de communication, l'exploitation de M. Félix se
trouve éloignée du chemin de fer des Charentes de
20 kilom. et de celui d'Orléans de quinze kilomètres.

Les foires où s'écoulent ses produits sont: Celles de Montguyon et du Gibeau pour les bestiaux, celles de Barbezieux pour les eaux-de-vie, et celles de Guîtres et Libourne pour les vins en cercles.

Main-d'œuvre
La main d'œuvre est dans des conditions ordinaires, mais tend à devenir plus rare en raison de l'émigration dans la Gironde où les prix sont beaucoup plus élevés. La journée d'homme se paie, sans nourriture, 2 francs et celle des femmes 1 franc en toutes saisons. Le gage des domestiques est relativement modéré: 250 à 300 francs pour les hommes et 120 à 150 francs pour les femmes.

Productions du pays.
Les productions sont généralement des vins et des céréales; les fourrages entrent également dans les ressources du pays. M. Félix s'en sert notamment pour nourrir un assez grand nombre de vaches qui servent à l'exploitation de sa propriété et à élever des veaux pour la boucherie.

Bâtiments.
Les bâtiments de l'exploitation se composent d'une maison de maître, d'une vaste grange et d'une belle écurie, d'un chai, de toits à porcs et de hangars, tous construits par M. Félix et qui ont servi de modèle dans le pays pour d'autres constructions.

Moyens de transport.
Le transport des denrées se fait au moyen de charrettes à bœufs ou à cheval et de tombereaux. Le harnachement des animaux est celui usité dans la contrée, pour les vaches, des jougs, et pour les chevaux, des harnais ordinaires.

Assolements.
La propriété de Peurtaud a été divisée en deux parties, dont l'une pour les céréales et l'autre pour les plantes sarclées. A ce sujet il est peut-être utile de mentionner ici que M. Félix a eu le prix de spécialité pour les plantes sarclées au concours agricole de l'arrondissement de Jonzac, qui a eu lieu à Montguyon en 1872.

Amendements et engrais.
L'exposant emploie toujours le fumier de ses étables pour ses terres arables, les composts de chaux et terreau pour ses prairies et les cendres de bois

sur ses prairies artificielles (trèfle incarnat) qu'il sème en assez grande quantité, et après la récolte duquel il fait une abondante récolte de maïs-fourrage avant l'emblavaison. Le résultat de ces divers amendements est excellent et les effets s'en font sentir pendant deux ans. Malheureusement cet exemple n'est suivi que par quelques rares propriétaires voisins ; les autres suivent la routine, et il faudra du temps avant de leur faire adopter ce système.

Instruments employés. — Les instruments employés pour la culture de la propriété consistent simplement en trois charrues Dombasle, dont deux fortes coûtant 70 francs pièce et 1 légère 35 francs ; leur effet est parfait, elles bouleversent parfaitement les terres ; un buttoir et une houe à cheval avec une grosse herse carrée et une petite triangulaire sont tous les instruments employés pour la grosse culture. Un seul attelage suffit pour ces divers outils aratoires.

Labours. — Les labours sont d'une profondeur d'environ vingt-cinq centimètres et s'exécutent en sillons d'un mètre de largeur ou en planches plus ou moins larges, selon la nature des terrains. Les labours et hersages se font en général au printemps et à l'automne, mais surtout par un temps sec et beau.

Semis. — Les semences sont enfouies sous raies et se font à la volée ou en ligne, selon les plantes ; les blés reçoivent deux façons, le râteau et le sarcloir, et lorsqu'ils sont semés à plat et que le temps le permet, un bon hersage.

Entretien et culture des plantes. — Les plantes sarclées reçoivent trois façons, binage et buttage ; la main d'œuvre est employée pour les plantes semées à la volée, et la houe et le buttoir pour les plantes en lignes et à planches : de là un grand avantage qui nous fera pratiquer de plus en plus cette méthode.

Fenaison et autres renseignements. — Les foins et les gerbes s'engrangent ; le dépiquage se fait au fléau ou au rouleau, suivant les circonstances, pour le blé et au moyen d'un égrenoir pour

le maïs. On nettoie les grains par le vannage et par
le criblage. Les racines sont ramassées en temps sec
et mises en tas par couches dans de la paille, à l'ob-
scurité et hors d'atteinte de la gelée ; on emploie le
même procédé pour les pommes de terre ; quant aux
topinambours, on ne les arrache qu'au fur et à mesure
des besoins, ou bien si on en arrache une certaine
quantité, on les enfouit sous le sable, ce tubercule
ne craignant pas ou peu la gelée.

Entretien
des prairies.Les prairies sont entretenues au moyen de fumiers
ou de composts, et lorsqu'elles arrivent à épuisement,
ce qui a lieu quelquefois dans les mauvais sols, on
les renouvelle en labourant le terrain qui donne de
beaux produits en céréales pendant deux et même
trois ans, puis on ressème de nouveau.

Vignes.Les vignes du domaine sont plantées en allées de
cinq à huit mètres, suivant la qualité du sol ; elles
sont composées uniquement de folle jaune pour les
vins blancs et de noir doux ou Quercy pour les rouges.
Le taille se fait en cul-de-lampe et généralement à
deux yeux par bois pour le blanc et trois ou même
quatre pour le rouge.

Nous mentionnons, ici, qu'un essai fait pendant
cinq ans sur un certain nombre de ceps pris dans
différentes parties de la propriété, de la méthode de
M. le docteur Guyot, n'a pas réussi : on y a renoncé.

Fabrication
du vin
et des eaux-de-vieLe vin se fabrique dans un vaste pressoir en pierre,
élevé d'un mètre soixante-dix centimètres au-dessus
du sol du chai, au moyen d'un fouloir et de deux vis
de pression dont l'une très-forte et sur laquelle on
represse la vendange avec les vaches attelées à la
perche de pression. On a l'intention de se pourvoir
d'une machine à grande pression ; de ce pressoir, le
vin descend directement dans les tonneaux sans qu'il
soit besoin de le transporter et par suite, ne subit
pas, ou peu, d'évaporation (grande économie de
main-d'œuvre).

Il s'est fait dans l'année 1869 et dans l'année 1870,

cinq cents hectolitres de vin par chacune d'elles. On espère dépasser ce chiffre avant longtemps.

Les eaux-de-vie fabriquées par M. Félix avec les vins de sa propriété sont tellement supérieures à celles de ses voisins qu'elles se vendent à Cognac pour de petites champagnes. On pense que cela tient à la bonne tenue des vignes et à la fabrication du vin.

Bois. — Les bois de la propriété sont des taillis assujettis à des coupes réglées comme dans la Châtaigneraie.

Chevaux. — Un seul cheval, servant à tous usages, est employé dans la propriété, nous ne décrirons pas ici quel est son mode de nourriture et de travail, car il est considéré seulement comme accessoire.

Écuries. — Les écuries des vaches sont grandes et bien aérées; on panse le bétail étant dans la grange et les crèches sont disposées de telle sorte que les graines de foin retombent en dessous et ne peuvent se mêler au fumier ; elles offrent, par suite, cet avantage que pour le renouvellement des prairies, le propriétaire a toutes les graines qui lui sont nécessaires: le panseur peut mieux surveiller son bétail et faire une distribution plus régulière ; on le répète, plusieurs propriétaires voisins ont suivi cet exemple.

Taureaux et vaches. — Les taureaux ne sont point employés au travail, il n'y a que les vaches qui y passent en moyenne, dans les diverses saisons, huit heures par jour. La dépense moyenne de ces animaux est de 15 kilog. de nourriture variée par tête et par jour pour les bêtes de travail et de 10 kilog. pour les laitières ; cette nourriture se compose, en hiver, de foin et racines mais surtout de topinambours qui sont cultivés dans la propriété avec avantage.

Veaux. — On ne trait presque jamais les vaches ; leur lait est absorbé soit pour les veaux qu'elles produisent, soit par ceux qu'on achète pour remplacer les leurs lorsqu'ils sont vendus, de sorte qu'on ne s'occupe pas de la fabrication du beurre ni de celle du fromage ; les veaux se vendent à l'âge de trois mois.

M. Félix a besoin de donner ici ses appréciations au sujet de l'élevage des veaux de boucherie et de dire pourquoi il a renoncé à faire du beurre et du fromage : à deux ou trois fois différentes , il a expérimenté que lorsqu'il retirait dix francs en beurre ou fromage du lait de ses vaches, dans le même laps de temps , il faisait profiter un ou plusieurs veaux , de vingt francs ; de sorte que le bénéfice étant double , il a renoncé à faire traire ses vaches.

Le bétail du domaine de Peurtaud ne pâture que depuis la fauche jusqu'au mois d'Octobre.

Les veaux sortant des étables de cette propriété , lorsqu'ils sont livrés à la boucherie, sont d'un poids moyen de soixante quinze kilogrammes, d'une blancheur de neige et se vendent presque toujours pour Paris à des prix plus élevés que ceux des voisins , en raison de leur belle qualité.

Porcs.

Par suite du manque de lait qui est absorbé par ses veaux , M. Félix a cessé de garder des truies mères ; il a préféré et l'expérience lui a démontré qu'il y avait infiniment plus de bénéfice à acheter, suivant les saisons, des portées entières de jeunes porcelets qu'il faisait profiter et qu'il revendait avec avantage.

Basse-cour.

La basse-cour se trouve composée entièrement de volaille de Barbezieux dont on a apprécié le mérite après avoir suivi les conseils de Mme Millet Robinet.

Fosse à fumier.

Une remarque à faire encore dans cette exploitation est celle-ci : La fosse à fumier est placée au nord et joignant l'écurie. Le fumier y est jeté par quel temps qu'il fasse , sans que les travailleurs soient obligés de sortir de l'écurie ; aucune voiture, par suite, ne passe sur la pile ; une fosse à purin y a été ménagée. Autrefois, le fumier était éloigné de l'écurie et était transporté avec des tombereaux qui circulaient sur la pile. Ce mode de faire a été trouvé très-mauvais par M. Félix qui a reconnu que le fumier ainsi piétiné fermentait mal ; aussi a-t-il changé de système.

Blés.

Il se sème dans la propriété de Peurtaud, 4 hectolitres 50 litres de froment, mélange heureux de blé blanc de Bordeaux et de blé Victoria; avant l'emblavaison on le fait tremper dans une dissolution de vitriol pendant au moins douze heures. Jamais avec ce système, M, Félix, n'a eu de blés charbonnés, et la végétation a été très-activée. Il n'a jamais obtenu moins de vingt pour un de semence et est souvent arrivé à vingt-cinq depuis que la propriété est en valeur.

Porcs gras. On n'a pas parlé non plus dans ce mémoire des porcs qu'on engraisse avec les produits de l'exploitation, parce qu'en général ils servent à l'alimentation du personnel.

Observations. Avant ses plantations de vignes et cela immédiatement après l'acquisition de sa propriété, M. Félix s'est livré à faire produire des blés; il est arrivé au chiffre de 120 hectolitres, mais voyant que cette culture était trop coûteuse en raison du revenu, et ayant comparé les produits avec ceux des quelques vignes qu'il avait plantées, il s'est décidé à semer moins de blé et il a planté des vignes qui lui donnent incontestablement le quadruple de revenu avec beaucoup moins de dépenses.

Résumé des améliorations. En résumé la propriété de M. Félix qui lui a coûté avec les immeubles par destination indispensables à à la culture première quatorze mille francs, a été amenée par lui en vingt-trois ans à une valeur, matériel compris, de trente francs l'are, soit pour les trente-trois hectares, quatre-vingt-dix-neuf mille francs, et cela avec les produits seuls de cette propriété.

COMPTABILITÉ

RÉSULTATS AU 31 DÉCEMBRE 1872.

Produits :

Vente de vin blanc	2970	
id. de vin rouge	300	
13 veaux de lait nés dans l'étable	1829	
5 nourrissons achetés et revendus, bénéfice	394	
30 hectolitres froment à 26 fr	780	
Cercle de châtaigner, ma portion	217	
Achats et reventes de porcs, bénéfices	376	
Vente de pommes 400 fr., elles ne donnent que tous les deux ans	200	
Alimentation de personnel (huit)	2316	90
TOTAL	9379	90

Dépenses :

Impôts et assurances	190	60		
Gages d'un fort domestique, d'un berger et d'une servante	410			
80 charretées de litière, à 8 francs	640			
650 journées d'hommes à 2 francs	1300		3437	40
214 journées de femmes à 1 franc	214			
Charron, forgeron et charpentier	127	80		
500 kilog. petit son pour les porcs	105			
2500 kilog. gros son pour les vaches	450			
RESTE NET			5942	50

COMPTABILITÉ

Résultats au 31 décembre 1873.

Produits :

Vente de vin blanc (gelée printanière.)	1725	
id rouge	240	
12 veaux de lait vendus à la boucherie.	1680	
4 nourissons revendus (bénéfices) . . .	289	
25 hectolitres froment	725	
Cercle de châtaigner, ma portion . . .	170	
Bénéfice de revente sur porcelets . . .	349	
Pommes	000	
Comestibles, alimentation du personnel, (vin, pain, bois, graisse, viande de porc, fruits, potage, volaille, œufs, etc.)	2487	70
Total	7635	70

Dépenses :

Impôts de toutes sortes .	198	75	
Gages d'un grand domestique, d'un berger et d'une servante	410		
78 charretées de litière .	624		
636 journées d'hommes	1272		3298 75
223 journées de femmes	223		
Charron, forgeron et charpentier	91		
500 kilog. petit son . . .	120		
2000 kilog. gros son .	360		
Reste net			4336 95

En raison de l'exposé de faits qui précède et des résultats obtenus (le plus avec le moins), M. Félix ne croit pas manquer de modestie en se portant concurrent à la prime d'honneur de la 1re catégorie des prix

culturaux au Concours régional de la Charente-Infé-
rieure qui aura lieu à La Rochelle en l'année 1875.

En conséquence, il vient demander à Messieurs les
membres du Jury si le domaine de Peurtaud a des
droits à obtenir la plus enviée des récompenses agri-
coles. Si ce précieux témoignage d'approbation lui
était accordé, il le rendrait heureux et lui permettrait
surtout de récompenser les courageux efforts de ceux
qui se sont associés à sa pénible entreprise.

FÉLIX,

*Membre de la Société d'Agriculture de
l'arrondissement de Jonzac.*